Sor Juana Inés de la Cruz:
LA PEOR MAGNÍFICA

© de los textos, María Baranda
© de las ilustraciones, Éricka Martínez

Diseño: Roxana Ruiz y Alejandro Magallanes
Cronología y notas: Hortensia Moreno, Gloria Hernández Jiménez,
        María Adela Hernández Reyes y Salvador Mendiola
Coordinación de iconografía e imagen: Ricardo Tapia
Iconografía: Germán Gómez López

Primera edición, 2010
Tercera reimpresión, 2015
D. R. © SM de Ediciones, S. A. de C. V., 2010
Magdalena 211, Colonia del Valle,
03100, México, D. F.
Tel.: (55) 1087 8400
Para conocer SM, su fondo editorial y sus servicios: www.ediciones-sm.com.mx

Universidad del Claustro de Sor Juana
Rectora: Carmen B. López-Portillo Romano
Vicerrectora Académica y Responsable de Publicaciones: Sandra Lorenzano
www.ucsj.edu.mx

ISBN 978-607-471-682-5
ISBN 978-970-785-001-9 de la colección Así Ocurrió

Miembro de la Cámara Nacional de la Industria Editorial Mexicana. Registro número 2830

Impreso en México / *Printed in Mexico*

Créditos de imágenes:
Reproducción autorizada por el Instituto Nacional
de Antropología e Historia, Fototeca Museo Nacional de Historia Castillo de Chapultepec, pp. 36 y 37.
© Archivo fotográfico Editorial Clío Libros y Videos, S.A.
de C.V. p. 38
© 2010, Carlos A. Vargas, pp. 39 y 40
© 2010, Gerardo Moser, p. 41
© Patrimonio Universitario, UNAM, p. 45

Digitalización: Carlos A. López Hernández

Baranda, María
    Sor Juana Inés de la Cruz : la peor magnífica / María Baranda ;
ilus. de Éricka Martínez. – México : Ediciones SM, 2010
[reimp. 2015]
 48 p. : il. ; 20 x 20 cm. – (Así ocurrió)

ISBN : 978-607-471-682-5

1. Juana Inés de la Cruz, 1651-1695 – Biografía – Libros
ilustrados para niños. I. Martínez, Éricka, il. II. t. III. Ser.

Dewey 928.61 B37

Sor Juana Inés de la Cruz: LA PEOR MAGNÍFICA

Texto de María Baranda
Ilustraciones de Éricka Martínez

UNIVERSIDAD DEL
CLAUSTRO DE SOR JUANA

He estado siglos enteros dentro de un cajón: seca.
¡Qué horror! Seca, seca, seca. No sé cómo llegué
a esta tienda de antigüedades. Finalmente, hace unos
días alguien me puso un poco de sangre, digo, de tinta.
Y ahora siento unas ganas inmensas de contarlo todo.
Antes de empezar, debo decir que hace cien años me sacó
de la tienda un escritor de novelas. ¡Otro horror!
Yo estoy hecha para escribir poemas y también alguna
que otra obra de teatro. El novelista se hartó de mí
porque yo cambiaba todo. Cuando él quería escribir
sobre el desamor, yo ponía *engaño colorido;* si él deseaba
hablar de relojes, yo escribía *máquinas primas;* si de
tristeza se trataba, yo ponía *dolor fiero.* Juana Inés
me había entrenado para escribir de cierta manera.
Puedo contar ahora que fui parte de un pacto secreto.

Todo comenzó en México, cuando los caminos eran de tierra y polvo, y el agua había que irla a buscar al río. Fue en un lugar llamado san Miguel de Nepantla, al pie del volcán Popocatépetl, en un día muy frío, pero con un sol que miraba de frente y con fuerza, cuando nació mi dueña: Juana Inés Ramírez de Asbaje.

A su papá no lo conoció jamás, solo supo su nombre: Pedro. Era capitán español y con su mamá había tenido otras dos hijas. Juana Inés creció en la hacienda de Panoayán, que su abuelo había conseguido para tres generaciones: la suya, la de su hija Isabel y la de su nieta María. Su mamá nunca aprendió a leer y a escribir, pero cuando el abuelo murió, ella fue la encargada de la hacienda, de esa casa tan grande donde vivían tantas personas que nadie alcanzaba a contarlas, y en la que había que levantarse antes de que saliera el sol para ir a trabajar y cuidar a los animales.

7

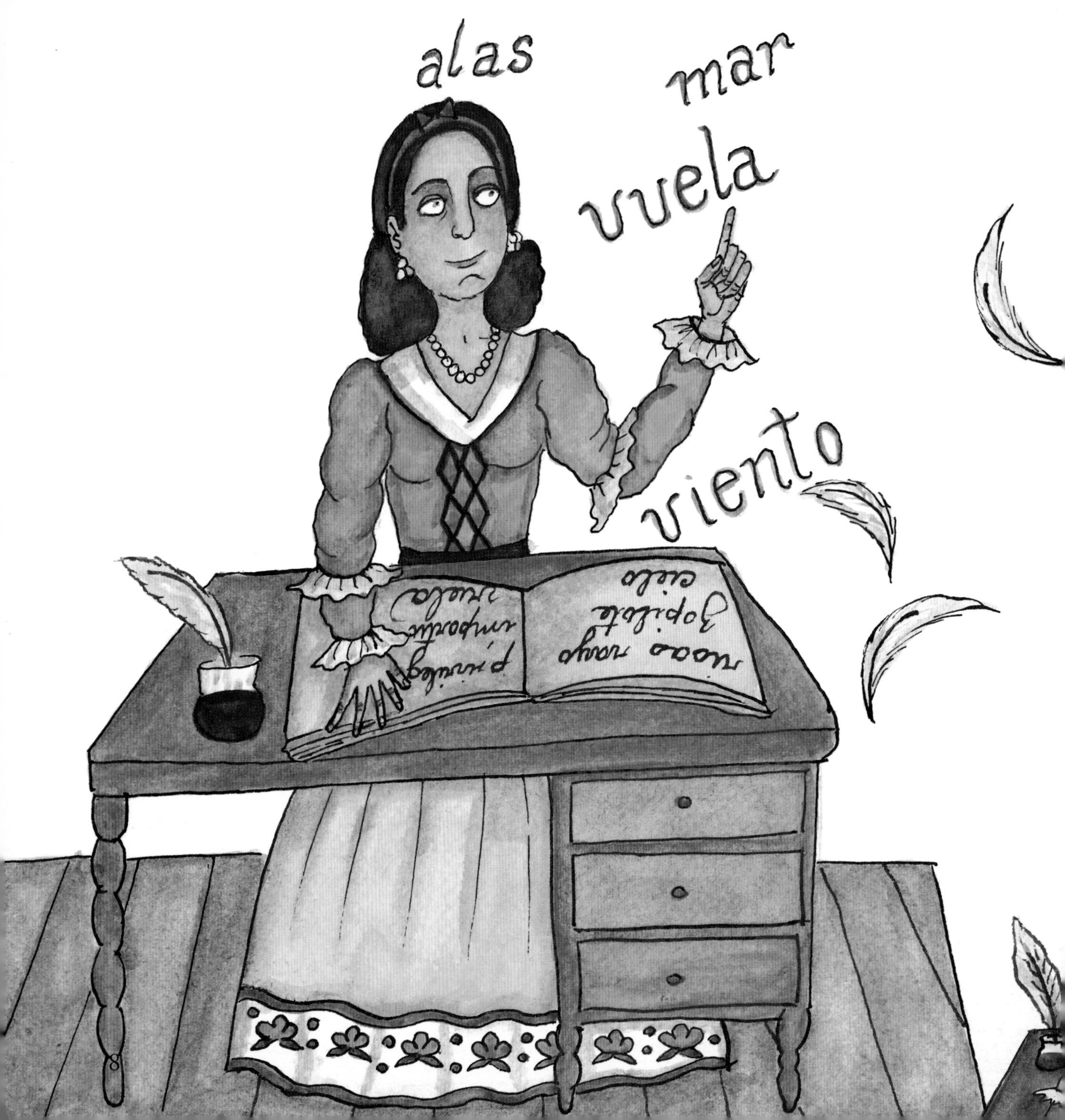
alas
mar
vuela
viento

A los tres años de edad Juana Inés hizo una travesura: siguió a su hermana a la escuela sin tener permiso. De pronto oyó cómo hablaban de la *A* de *alas*, *abierta, arriba*. De la *M* de *madre, mar, montaña*. Y luego escuchó la *V* de *vuela, viaje, viento*. Imaginó que volaba. Era como abrir una caja llena de sorpresas. Entonces le pidió a la maestra que le enseñara. Dijo que era una orden de su mamá, pero la maestra no le creyó. Juana Inés insistió tanto que la maestra aceptó con la condición de que solo hasta que hubiera aprendido perfectamente cada una las letras se lo dirían a su mamá.

Todos los días se convirtieron en un descubrimiento: de la *A* a la *Z*, Juana Inés empezó a escribir y a jugar con palabras: *risas, rayos, zopilote, cielo.* Y a pronunciar unas más difíciles: *privilegio, importuna, descobijo, vocinglera.* Cada palabra era una nueva manera de inventar el mundo.

Y todo esto ocurrió para mi fortuna, ya que el abuelo me fue a buscar a casa de un amigo suyo. Dijo que necesitaba una pluma pequeña y hermosa (esa soy yo), de preferencia blanca. Su amigo me entregó con una gran sonrisa, seguramente pensando que el abuelo querría convertirse en escritor. Pero al regresar a la casa, simplemente me guardó en un cajón.

Y desde ese lugar oscuro y frío escuché que Juana Inés decía:

—Nada de queso. Ni de oveja, ni de cabra, ni de vaca. Ni una sola rebanadita de esa golosina hasta que aprenda yo muy bien todas las letras.

Entonces su abuelo me envolvió en un suave pedazo de tela. Y me entregó a su nieta:

—Escribirás el cielo —le dijo.

Juana Inés sonrió. Y yo con ella. Su mano tembló, destapó la tela y dio un leve grito que llegó hasta las nubes y los pájaros que estaban en los árboles. Luego abrazó a su abuelo con tal fuerza que pensé que me iba a hacer pedazos. Desde entonces, ella y yo nos volvimos inseparables.

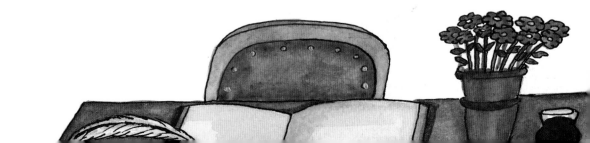

Una tarde, a los seis o siete años de edad, después de haber terminado de bordar, Juana Inés oyó decir que en México había una gran universidad donde se estudiaban las ciencias. Se impresionó tanto que pensó que ella podía estar ahí aprendiendo más y más cosas. Y yo me emocioné junto con ella tan solo de imaginarme el viaje a la gran ciudad.

—¡Quiero ir!

Su mamá se sorprendió mucho con la propuesta de su hija y le dijo que ese no era un sitio para ella. Y es que en esos tiempos no era importante que las mujeres aprendieran a leer y a escribir. ¡No usaban plumas! Se quedaban en sus casas para ayudar con los quehaceres o se iban a vivir a la corte, que era el lugar donde estaban las marquesas y las condesas, o se metían a vivir en los conventos como monjas. Solo los hombres podían ir a la universidad.

—¿Y si me vistes de hombre? —sugirió Juana Inés. Pero su mamá torció la boca, movió la cabeza de un lado a otro, miró hacia afuera y vio a un pájaro enorme que cruzaba el horizonte.

Después dijo:

—La universidad no es lugar para nosotras.

—¡Claro que no! —interrumpió su hermana María—, suficiente tenemos con casarnos.

Juana Inés sintió un frío helado en el corazón. Cerró los ojos y vio un barco que se hundía en un mar profundo y oscuro. Y se atrevió a insistir:

—Pero tiene que haber una forma de entrar, de saber más, de…

—De nada. Es hora de ir ayudar a la cocina —ordenó su madre.

El cielo se puso totalmente negro y enormes gotas de lluvia empezaron a golpear con fuerza el techo de la casa. Era como si el cielo hubiera empezado a llorar con furia.

13

Un viernes por la tarde, Juana Inés vio cómo dos niñas jugaban con un trompo. Miró detenidamente los giros y se hizo varias preguntas. Entonces echó un poco de harina encima del trompo para ver si los círculos que hacía con su movimiento eran perfectos o no.

Cerró los ojos: vio una esfera sobre otra, y pensó en el universo y en los miles de formas que había. Las palabras se convertían en huecos, y los huecos, en pequeñas ventanas desde las cuales podía ver y escuchar nuevos sitios posibles, lugares misteriosos donde podía imaginar cómo funcionaba todo.

Fue con un huevo. Con un simple huevo de gallina Juana Inés pensó en la esencia de las cosas.

—¿Por qué la clara y la yema se unen en el aceite, pero se despedazan con el azúcar del almíbar? —se preguntó.

La cocina fue su laboratorio. Entre olores de canela, vainilla y chocolate pensó en nuevas preguntas, y de las preguntas surgieron muchas palabras: unas largas, otras cortas, algunas oscuras como la noche o brillantes como el sol que alumbraba el día.

"Óyeme con los ojos", escribió. Quería entender, descifrar, descubrir con los cinco sentidos muy atentos

Juana Inés iba todas las tardes a la biblioteca de su abuelo, y yo con ella, escondida bajo su delantal. Le habían dado permiso de leer lo que quisiera sin que hubiera castigo ni regaño. Ahí entró a un mundo distinto del que ella conocía, diferente del que habitaban su mamá y sus hermanas: el mundo de los libros.

La biblioteca se convirtió en nuestro lugar secreto. Era como tener una caja de tesoros propia. Juana Inés leyó todo lo que pudo sobre historia, ciencia, literatura. Y yo le hacía cosquillas en la mano para que fuera anotando lo que leía. Así, conoció el cielo y sus estrellas, los caminos más allá de las montañas, los ríos y los volcanes lejos de su casa, varios relatos de héroes y batallas, historias de dioses y seres mitológicos que inventaban mundos, otros paraísos. Juana Inés empezó a preguntarse cuánto habrá medido el Arca de Noé, qué tan larga sería la ciudad de Jerusalén, cuántas estrellas cubrían los cielos y cómo era el Templo de Salomón.

Su libro favorito era uno de poemas que su abuelo le había regalado, y al que le había puesto en la primera página su nombre y firma después de haber ensayado mucho: *Juana Inés de la Cruz, la peor.*

Eso me entristeció un poco, ¿por qué *la peor*? Más bien, sería *la mejor.* Y se lo dije, pero ella solo cerró los ojos, los apretó. Eso significaba "Déjame en paz".

En esa biblioteca descubrió algo muy importante: quería estar sola. Me lo dijo a mí en voz baja, como se dicen las cosas importantes. Sola para poder leer y escribir, sola para pensar y responder las preguntas que se hacía. Sola para vivir y crecer y conocer todo. Sola, sola, sola. Necesitaba estar sin nadie que la molestara o la interrumpiera. Quería silencio, el silencio que guardan los libros. Estaba segura de que encontraría el misterio de las horas, los meses y los años en la Aritmética, el significado de cada una de las palabras en la Gramática, la fuerza del sonido en la Música y el secreto de todas las cosas en la Ciencia.

Cuando cumplió ocho años sucedió algo muy triste: su abuelo murió, y a Juana Inés la mandaron a vivir a la ciudad de México a casa de su hermana mayor, María, que ya estaba casada. Creo que su mamá lo hizo porque no sabía muy bien qué hacer con esa hija que leía y estudiaba tanto. Juana Inés me llevó con ella. Yo la escuché llorar muchas noches con sus días. Extrañaba a su abuelo, pero también a Panoayán, su casa. Entonces inventó un ritual por las noches, antes de dormir, en el que recitaba: *Pa-noa-yán, Pa-noa-yán, Pa-noa-yán.*

Así, hasta el infinito, muy despacio, hasta que se tranquilizaba y se dormía.

—Y me cortaba el cabello hasta por cinco o seis dedos si no aprendía en el tiempo en que debía —me contó una vez.

Y volvía a cortárselo si, de nuevo, no lograba memorizar todo lo que quería. Pensaba que no estaba bien que su cabeza estuviera "vestida de cabellos", pero desnuda de ideas.

Vivimos en casa de María durante varios años, en los que ella estudió y se hizo famosa por todo lo que podía decir, memorizar y recitar. Fue cuando empezó a escribir. Las palabras comenzaron a estallar en su cabeza, a salir como agua de su boca, y yo las anotaba lo más rápido que podía: "Sílabas compongan las estrellas".

El idioma era su tierra, y su corazón estaba lleno de letras y símbolos; empezó a vivir para saber más y a escribir para descifrar el mundo. Le gustaba soñar

con lugares apartados e inventaba sitios que nadie conocía. Todas las tardes me dictaba nuevos poemas, ideas, conversaciones que se le ocurrían entre personajes inventados.

Pero su hermana comenzó a cansarse de ella. Venían de muchas partes a escuchar a Juana Inés, se quedaban hasta muy tarde, y a veces hasta pedían de comer o de beber.

Al cumplir los dieciséis, la solución fue enviarla a vivir a la corte con la marquesa de Mancera, que acababa de llegar a México junto con su esposo el virrey y necesitaba varias damas de compañía. Al principio, a Juana Inés le dio un poco de miedo. No mucho: esta vez no lloró. Me susurró al oído que me llevaría con ella. No conocía a esa gente y le atemorizaba que no la fueran a dejar leer y escribir, a estar sola. Sin embargo, la marquesa se convirtió en su amiga y muy pronto las dos empezaron a compartir lecturas, a reírse de algunos secretos que se contaban y a convivir casi todos los días. Juana Inés no paró de escribir en ese hermoso lugar. Compuso obras de teatro y muchos poemas que eran recitados en las fiestas y bailes del palacio. Escribía de la noche y las estrellas, pero también de amores, coqueteos y pasiones. Jugaba con las palabras como si fueran barro o plastilina:

> Yo no puedo tenerte ni dejarte,
> ni sé por qué, al dejarte o al tenerte,
> se encuentra un no sé qué para quererte
> y muchos sí sé qué para olvidarte.

Hablaba de caracoles, del sonido que entraba como una espiral y salía ululando en el aire. En sus poemas decía la luna para que aparecieran soles, caminaba en el mar o se miraba a la vez en mil espejos y nunca se veía. Escribir era pensar y soñar y jugar a la vez.

Un día el marqués de Mancera decidió comprobar si Juana Inés era realmente sabia y admirable. Invitó al palacio a cuarenta hombres notables; unos daban clases en la universidad y eran científicos, filósofos, teólogos, matemáticos, poetas, historiadores, y otros eran hombres de mucho ingenio y buen juicio. Le hicieron varias preguntas sobre diversos temas y Juana Inés respondió a todo perfectamente, aunque yo sé que estaba muy nerviosa, que se tronaba los dedos pensando que a lo mejor no conocería la respuesta.

Pero no fue así.

"¡Magnífica!", dijeron todos.

Pero ella seguía firmando sus libros como *La peor del mundo, Juana Inés*.

A mí varias veces me dijo que ella no era tan sabia o tan magnífica como la gente creía. Le faltaba mucho por saber; estaba preocupada. Empezó a dejar de dormir. Una vez hasta me mordisqueó un poco en la punta de mi blanca espalda.

—¡Auch!, —me quejé, pero ella ni caso me hizo: estaba muy lejos, metida en sus pensamientos.

25

De pronto, regresó la *S* silenciosa y simple. Y se imaginó, de nuevo, sola:
sola escribiendo,
sola pensando,
sola leyendo
y sola cocinando.

No quería preguntas de nadie, ni más fiestas en palacio. Estaba cansada.
Tampoco quería casarse; pensaba que el matrimonio no era para ella porque
la alejaría de los libros y de todo lo que ansiaba conocer. Esa noche
la vi caminar en el cuarto pensando qué hacer: se asomaba por la ventana y miraba
al cielo buscando una respuesta; se retorcía las manos. Hablaba sola. Después
empezó a pensar en Panoayán y a decir su nombre despacio, despacito.
Con los primeros rayos del sol lo supo: se volvería monja. Pidió ir al convento.
La marquesa se molestó al principio, pero después la entendió. Entonces
la enviaron a uno que era muy estricto y riguroso: había que levantarse a las cuatro,
rezar y limpiar, sin tiempo para leer o escribir, y se asustó mucho. A los tres meses
regresó al palacio.

Juana Inés se planteó la posibilidad de irse a otro convento. Consultó con varias amistades y finalmente le contaron de uno que podría ser el adecuado para ella: el de San Jerónimo. Y esta vez nos fuimos para no regresar. Ahí nos dieron un cuarto llamado celda, en la cual comía, rezaba, trabajaba, leía y, además, recibía visitas. Le gustaba mucho hablar sobre los libros que había leído, compartirlos, sacar ideas. Tenía una gran habilidad para conversar y era graciosa, risueña y rápida en su pensamiento. La celda parecía más bien el sitio de una maga: estaba lleno de libros, de instrumentos musicales y científicos. Y yo veía cómo todos se quedaban asombrados al escuchar sus ideas y descubrimientos. En ese tiempo se hablaba más de lo que se escribía, por lo que conversar era un arte.

Tuvo que cambiarse de nombre como era la costumbre en los conventos. Se puso Sor Juana Inés de la Cruz.

Yo siempre estuve junto a ella, dispuesta a escribir rápidamente todo lo que me dictara. Cada día y cada noche era lo mismo: Juana Inés decía una palabra y yo parecía que adivinaba la siguiente. Escribir era viajar, inventar mundos para vivir en ellos. Pero también fueron años difíciles. Empezaron a surgir envidias, sobre todo de parte de otros hombres que eran menos talentosos que ella.

Juana Inés, además de escribir todos los días y de leer mucho, pensó que algo le faltaba. Era sentir un vacío, como decir *cielo* y que no apareciera nunca el sol. Se dio cuenta de que le faltaba saber a fondo quién era Dios. Necesitaba libros de teología. Pero en el convento y en la iglesia le dijeron que no, que ese no era un tema para mujeres. Y empezó a estar muy triste. Hasta dejó de comer mazapanes y buñuelos, sus golosinas favoritas. Entonces escribió varias cartas; en una contó su vida: trataba de explicarse. Su cabeza era como una caldera de la que salían miles de ideas y estallaban. *Pas, pas, pas.* Las palabras volvían a saltar de un lado al otro del papel. Eran gritos, pequeños gritos de auxilio y de súplica. Pero nada, no sucedió absolutamente nada. Jamás consiguió el permiso para leer lo que necesitaba saber. Los hombres de la Iglesia le dijeron que lo importante era ser monja, no escritora.

Fueron días de humo. De humo y silencio, un silencio difícil y doloroso. Y dejó de escribir. Me puso a un lado, me guardó en un cajón. Le hicieron firmar un papel en el que prometía dejar los libros para siempre. Los entregó todos junto con sus instrumentos musicales y sus aparatos científicos para que los vendieran y con ese dinero se ayudara a los pobres.

Y pasó el tiempo. Un día hizo mucho frío. Eran las cuatro de la mañana. Había una epidemia de peste en el convento. Nueve de cada diez monjas morían. Juana Inés se había dedicado a cuidar a las demás, sus hermanas. Pero se contagió del mal y cayó enferma.

Afuera brillaba el cielo lleno de estrellas, ese cielo que su abuelo le había pedido escribir cuando era niña. Empezó a llover. Llovía lentamente, parecía que cada gota hacía un ligero *tin-tin* con las baldosas del suelo. Yo escuchaba una sola palabra, una palabra lenta que casi llegaba al infinito: *Panoayán*.

Juana Inés me había pedido una sola cosa: que anotara el día de su muerte. Y lo hice, lo escribí en un libro muy grande que estaba a la entrada del convento: *17 de abril*. Firmé como ella lo habría hecho: *Yo, la peor del mundo, Juana Inés de la Cruz*. Después me escondí en el cajón del escritorio. Ese que ahora está aquí, en la tienda de antigüedades.

Ya no hay frío, tampoco lluvia: el sol se la ha bebido toda.

Instantáneas
de la historia:
EL DRAMA
DE LA GENIALIDAD

Todo indica que el Virrey Aguiar y Seijas inició la campaña misógina que en 1693 dejó a Sor Juana sin su biblioteca y sin poder escribir más poesía.

El marqués de Mancera y su esposa, Leonor Carreto, apoyaron a Sor Juana para que ingresara al convento, de las carmelitas, primero, y al de las jerónimas, en definitiva.

Virrey Marqués de la Laguna. Dos de los grandes amigos y admiradores de Sor Juana fueron el marqués de La Laguna y su esposa, María Luisa Manrique de Lara y Gonzaga. Ella será la encargada de publicar y promover la obra de la escritora en España.

La llegada de un nuevo virrey a la ciudad de México era uno de los hechos más importantes en años. Recibirlo era un acontecimiento festivo y de planteamientos políticos, como los expuestos por Sor Juana en el arco triunfal para recibir al conde de Paredes y marqués de La Laguna, Tomás Antonio de la Cerda y Aragón.

◄ El más renombrado de los artistas novohispanos que representaron la efigie de Sor Juana fue Miguel Cabrera, quien vivió en el siglo XVIII. Su cuadro, como el de Juan de Miranda, trata de hacer más notable el carácter intelectual de la poeta, por encima del de monja.

Con libros como este, las monjas de la orden teresiana, congregación a la que perteneció Sor Juana brevemente, aprendían a cocinar para sí y sus hermanas.

El convento de Santa Teresa fue el primero donde ingresó Sor Juana. Lo rígido de la disciplina de las carmelitas descalzas, orden fundada por Santa Teresa y San Juan de la Cruz, enfermó a la poeta, por lo cual lo abandonó casi de inmediato.

En tiempos de Sor Juana, la ciudad de México contaba con muchos conventos de mujeres, como el de Regina Coeli, pues el encierro en un claustro conventual era considerado una gran riqueza espiritual de la ciudad.

De todo lo que la arqueología ha desenterrado en busca de los edificios del convento de San Jerónimo, nada se puede fechar como contemporáneo de Sor Juana. El edificio se encuentra en una zona de la ciudad que pasaba inundada mucho tiempo por los desbordamientos del gran lago, lo que produjo muchos derrumbes y cambios en la arquitectura.

De la arquitectura que se conserva del ex convento donde vivió Sor Juana, el templo es quizá lo más próximo a lo que ella vio en vida. Todo lo demás no ha dejado de cambiar con el paso del tiempo, al grado de que a principios del siglo pasado allí se ubicaba un afamado club nocturno de la gran ciudad.

Este es el patio más antiguo del ex convento de San Jerónimo, pues en él se ubica su primera fundación. Sin embargo, la fuente es del siglo XVIII y la construcción, del XIX.

Las instalaciones del ex convento albergan hoy la Universidad del Claustro de Sor Juana, que tiene entre sus propósitos salvaguardar, promover y recuperar la obra de Sor Juana Inés de la Cruz.

Sor Juana Inés de la Cruz
Cronología

• **1635** En la hacienda de San Miguel Nepantla, hoy Estado de México, se conocieron Pedro Manuel de Asuaje e Isabel Ramírez de Santillana.

• **1648** De esa relación nació el 2 de diciembre Juana Inés María del Carmen Martínez de Zaragoza Gaxiola de Asbaje y Ramírez de Santillana Odonojú.

• **1651-1658** A los tres años, Juana pidió que le diesen clases para aprender a leer, escribir y contar. A los cinco años ya sabía hacer perfectamente las tres cosas. Cuando tenía ocho años escribió una loa para la fiesta del Santísimo Sacramento en Amecameca. Alrededor de los diez años aprendió latín en veinte lecciones que le impartió el bachiller Martín de Olivas.

Hoy no queda rastro claro de la auténtica hacienda donde vivió Sor Juana de niña, pero la tradición establece que se pudo encontrar donde ahora está la restaurada ex hacienda de Panoayán o Panoayan, Estado de México.

◀ Sor Juana, por Francisco Corzas (1936-1983), pintor que describía su propio estilo como impresionista y goyesco.

• 1660 Se traslada a la ciudad de México a vivir en casa de unos tíos de la familia materna.

• 1663-1666 Al cumplir quince años, Juana entra a la corte del virrey Mancera, al servicio de su esposa, la virreina Leonor de Carreto. Allí, en 1666, escribe un soneto fúnebre a Felipe IV.

• 1667 Antonio Núñez de Miranda, su confesor y director espiritual, la convence de entrar al convento; don Pedro Velázquez de la Cadena le paga la dote.

• 1668 El 14 de agosto ingresa como novicia al convento de las monjas carmelitas descalzas de San José de México. Tres meses después sale de esa orden por motivos de salud.

• 1669 El 24 de febrero entra como novicia al convento de la orden de San Jerónimo, también llamado de Santa Paula, donde profesa definitivamente. Su madre la dota de una esclava. Redacta y firma un testamento en el que renuncia a todos sus bienes. Elige llamarse Sor Juana Inés de la Cruz.

• 1671 Escribió un romance dedicado al arzobispo Payo Enríquez de Ribera.

• 1672 Cuenta ya con una celda particular.

• 1673-1674 Escribe unos sonetos fúnebres al duque de Veragua y un soneto acróstico a Martín de Olivas. El 2 de abril emprenden el regreso a España el virrey

Mancera y su esposa, pero en el camino la marquesa cae muy enferma y muere el 21 de abril. Sor Juana escribe unos sonetos para conmemorar el deceso.

• 1680 El 7 de noviembre llega a la ciudad de México el virrey Tomás Antonio de la Cerda y Aragón. Sor Juana es contratada por el cabildo de la ciudad para componer la trama de imágenes y textos de un arco triunfal para la recepción. Se cree que ese año escribe la sátira filosófica *Hombres necios que acusáis...*

• 1682 Rompe con su director Núñez de Miranda. Comienza a confesarse con el padre Pedro de Arellano y Sosa.

• 1683 La comedia *Los empeños de una casa* fue representada por vez primera el 4 de octubre en casa del contador don Fernando Deza.

Al igual que María Baranda en este cuento biográfico, algunos artistas plásticos encuentran inspiración en la pluma de Sor Juana como metáfora y como símbolo, tal como se ve en esta creación de Alejandro Magallanes.

Esta acuarela de Bruno González es otro ejemplo de cómo los artistas retratan libremente a la Décima Musa sin alejarse de su esencia.

- 1864 Vendió a su hermana Josefa María la esclava que le había dado su madre al ingresar al convento.

- 1686 En el mes de junio, los virreyes Tomás Antonio y María Luisa regresaron a España.

- 1688 Muere la madre de nuestra poeta.

- 1689 Aparece publicada en España la *Inundación castálida*.

- 1690 Recibe la carta de Sor Filotea de la Cruz.

- 1691 Escribe la *Respuesta a Sor Filotea*.

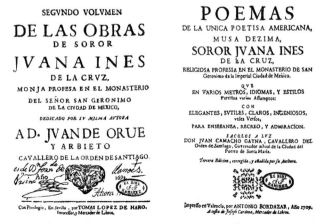

Obras de Sor Juana Inés de la Cruz, en ediciones de 1693 y 1705, respectivamente.

Libro de profesiones del convento donde pasó sus últimos años Sor Juana. Se lee al final, de su puño y letra: "He sido y soy la peor que ha habido. A todas pido perdón por amor de Dios y de Su Madre. Yo, la peor del mundo, Juana Inés de la Cruz".

• 1692 Su último acto de resistencia y rebeldía queda expresado en los *Villancicos para Santa Catarina*, publicados en Puebla.

• 1693 Renuncia a las letras y a las cuestiones mundanas. Dona su biblioteca y aparatos científicos. Regresa a la dirección espiritual de Núñez de Miranda. Queda en silencio.

• 1694 El 8 de febrero ratificará sus votos religiosos. El 18 de ese mismo mes protesta defender la Inmaculada Concepción.

• 1695 El 17 de abril, a las tres de la mañana, muere Sor Juana Inés de la Cruz en el convento de las jerónimas, enferma de la peste que adquirió por la epidemia propagada en el convento.

Desde que Sor Juana llegó al convento de San Jerónimo, en 1669, hasta 1693, año en que le prohibieron leer y escribir cosas mundanas, pocos días no se sentó a la mesa para hacer con rigor justo eso: leer y escribir. Aquí se la ve ante su mesa de trabajo y parte de su biblioteca, en un famoso lienzo de Juan de Miranda pintado alrededor de 1714.

Antiguo billete de mil pesos. La mayor gloria popular de Sor Juana comenzó el siglo pasado. Después de un largo silencio, su figura y obra ingresaron en nuestra sociocultura de muchas maneras, unas cultas y otras populares, como su presencia en los billetes.

Fuentes

Obras completas de Sor Juana Inés de la Cruz. Tomo I: *Lírica Personal.* Tomo II: *Villancicos y Letras Sacras.* Tomo III: *Autos y Loas.* Tomo IV: *Comedias, Sainetes y Prosa.* México: Fondo de Cultura Económica, 1995.

Convento de San Jerónimo, *Libro de cocina.* Selección y transcripción atribuidas a Sor Juana Inés de la Cruz. México: Instituto Mexiquense de Cultura, 1996.

Glantz, Margo, *Sor Juana Inés de la Cruz: saberes y placeres.* México: Instituto Mexiquense de Cultura, 1996.

Lavín, Mónica, y Ana Benítez Muro, *Sor Juana en la cocina.* México: Grijalbo, 2010.

López-Portillo, Carmen Beatriz, *Sor Juana y su mundo. Memorias del Congreso Internacional.* México: Fondo de Cultura Económica, 1998.

Lorenzano, Sandra (compiladora), *Aproximaciones a Sor Juana.* México: Fondo de Cultura Económica, 2005.

Paz, Octavio, *Sor Juana Inés de la Cruz o Las Trampas de la Fe.* México: Fondo de Cultura Económica, 1982.

Contenido

Sor Juana
Inés de la Cruz:
LA PEOR
MAGNÍFICA

se terminó de imprimir en septiembre de 2015
en Fotolitográfica Argo, S. A.,Calle Bolívar No. 838, Col. Postal, C. P. 03410,
Benito Juárez, México, D. F. En su composición se empleó la fuente Adobe Garamond.